BEI GRIN MACHT SICH IHR WISSEN BEZAHLT

Planung, Finanzierung und Vermarktung von Sportanlagen. Sportanlagen- und Sportstättenbau

GRIN

Bibliografische Information der Deutschen Nationalbibliothek:

Die Deutsche Nationalbibliothek verzeichnet diese Publikation in der
Deutschen Nationalbibliografie; detaillierte bibliografische Daten sind
im Internet über http://dnb.d-nb.de abrufbar.

ISBN: 9783346341921
Dieses Buch ist auch als E-Book erhältlich.

Druck und Bindung: Books on Demand GmbH, Norderstedt Germany
Gedruckt auf säurefreiem Papier aus verantwortungsvollen Quellen

Das vorliegende Werk wurde sorgfältig erarbeitet. Dennoch
übernehmen Autoren und Verlag für die Richtigkeit von Angaben,
Hinweisen, Links und Ratschlägen sowie eventuelle Druckfehler keine
Haftung.

Das Buch bei GRIN: https://www.grin.com/document/983752

Deutsche Hochschule für
Prävention und Gesundheitsmanagement

Einsendeaufgabe

Fachmodul: Sportanlagen- und Sportstättenmanagement

Studiengang: Sportökonomie

2020

Inhaltsverzeichnis

1   SPORTANLAGEN- UND SPORTSTÄTTENBAU 3

2   KOMMUNALE SPORTENTWICKLUNGSPLANUNG 6

2.1 Grundformel zur Berechnung des Sportstättenbedarfs 6

2.2 Berechnung des Sportstättenbedarfs 7

2.3 Förderinteressen 8

3   FINANZIERUNG UND BETRIEB VON SPORTANLAGEN 9

3.1 Investition und Finanzierung 9

3.2 Auslastungsanalyse einer Sportanlage 10

3.3 Auslastungsoptimierung 13

3.4 Nachhaltigkeit von Sportstätten 14

4   DIGITALE VERMARKTUNG VON SPORTANLAGEN UND
SPORTSTÄTTEN 17

5   LITERATURVERZEICHNIS 19

6   ABBILDUNGS- UND TABELLENVERZEICHNIS 21

6.1 Abbildungsverzeichnis 21

6.2 Tabellenverzeichnis 21

1 Sportanlagen- und Sportstättenbau

Um eine Sportstätte erbauen zu können bedarf es einer umfangreichen Planung. Die wesentlichen Schritte des Sportstättenbaus sind in der nachfolgenden Tabelle aufgeführt.

Tab. 1: Schritte beim Bau einer Sportstätte tabellarisch (eigene Darstellung, 2020)

Vorgang	Phase	Dauer (in Monaten)	Vorgänger	Nachfolger
F	Machbarkeit und Finanzierung planen	6	E	G
D	Raumprogramm und Funktionsanalyse	1	B,C	E
B	Standortwahl	1	A	D
G	Planung und Festlegung der Baudetails	8	F	H
I	Betrieb der Sporthalle	>12	H	-
E	Konzeptualisierung mit Kostenschätzung und Betriebskostenanalyse	4	D	F
A	Markt- und Bedarfsanalyse	2	-	B,C
C	Sportverhalten- und Nutzeranalyse	3	A	D
H	Realisierung des Baus	14	G	I

Um die einzelnen Schritte grafisch darzustellen, werden im Folgenden ein PLANNET-Diagramm und die Netzplantechnik verwendet. Beiden Grafiken kann neben der Reihenfolge der einzelnen Schritte auch die voraussichtliche Gesamtdauer des Projektes entnommen werden.

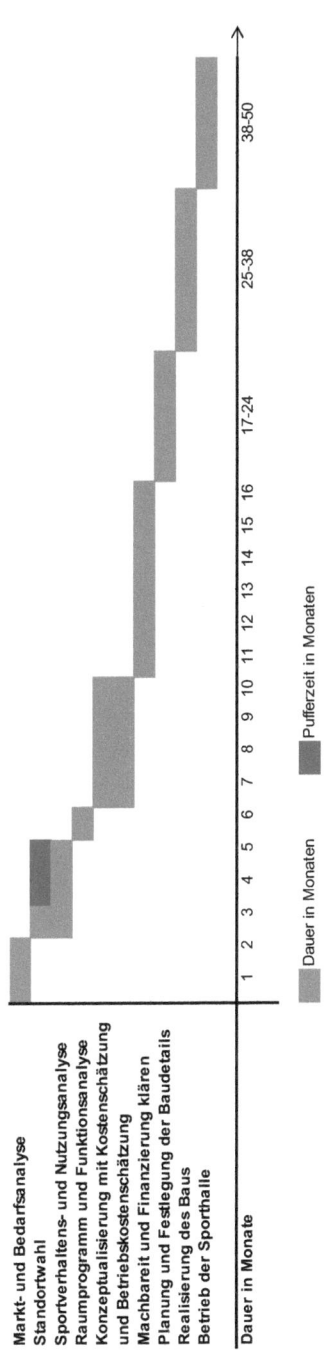

Abb. 1: Darstellung der Bauschritte einer Sportstätte anhand eines PLANNET-Diagrammes (eigene Darstellung, 2020)

4

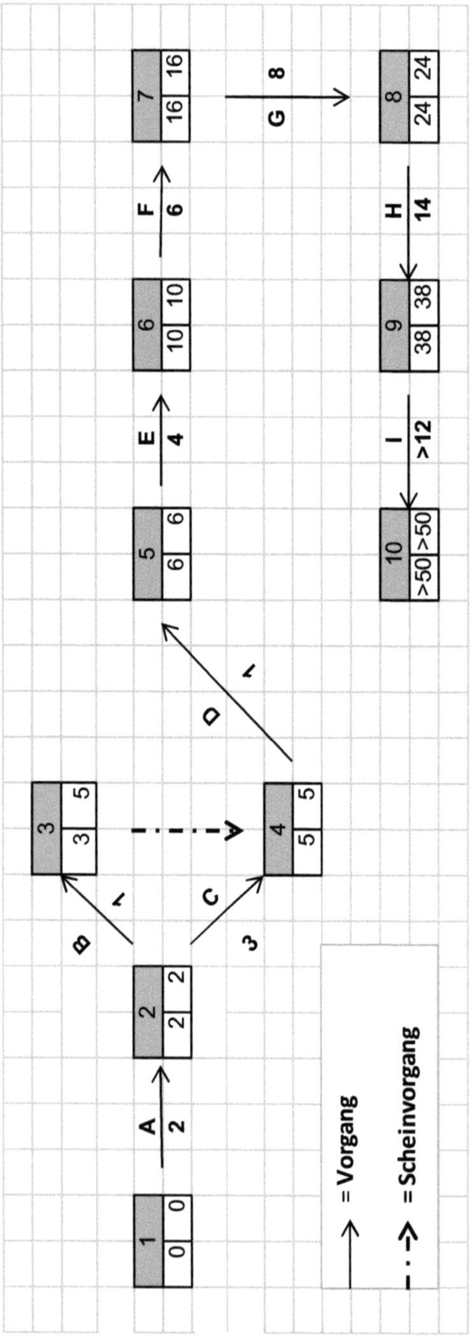

Abb. 2: Darstellung der Bauschritte einer Sportstätte anhand der Netzplantechnik (eigene Darstellung, 2020)

Den Abbildungen 1 und 2 ist zu entnehmen, dass der Betrieb der Sportstätte nach frühestens 38 Monaten aufgenommen werden kann.

2 Kommunale Sportentwicklungsplanung

2.1 Grundformel zur Berechnung des Sportstättenbedarfs

Um den Bedarf an Sportstätten einer Kommune zu errechnen, kann die „Grundformel zur Berechnung des Sportstättenbedarfs" verwendet werden. Gemäß Köhl und Bach, (2006, S. 64 ff.) kann hierbei wie folgt vorgegangen werden:

Damit der Sportstättenbedarf berechnet werden kann, wird vorab ein Wert für den Parameter Sportbedarf benötigt. Der Sportbedarf kennzeichnet den zeitlichen Umfang einer Sportaktivität, basierend auf den Daten aller Sportler einer Sportart. Zur Berechnung dient die nachfolgende Formel.

$$Sportbedarf = Sportler * Häufigkeit * Dauer$$

Der Parameter Sportler ist definiert als eine Person, welche eine oder mehrere Sportarten ausübt. Für jede ausgeübte Sportart wird diese Person als Sportler gezählt. Somit wird beispielsweise eine Person, die Fußball, Tischtennis und Leichtathletik betreibt, dreimal als Sportler gewertet.

Durch die Parameter Häufigkeit und Dauer kann der Umfang der sportlichen Aktivität näher bestimmt werden. Die Häufigkeit gibt die Anzahl der Ausübungen einer Sportaktivität in einem festgelegten Zeitrahmen (meist pro Woche) an. Die Dauer bezieht sich auf die zeitliche Dauer pro Ausübung.

Das Ergebnis aus der Berechnung des Sportbedarfs wird in die Formel zur Berechnung des Sportstättenbedarfs eingefügt.

$$Sportstättenbedarf = \frac{Sportbedarf * Zuordnungsfaktor}{Belegungsdichte * Nutzungsdauer * Auslastungsfaktor}$$

Der Zuordnungsfaktor stellt dar, welcher Anteil einer Sportart auf einer Sportanlagen durchgeführt wird.

Durch den Parameter Belegungsdichte wird die Anzahl an Sportlern einer Sportart, die zum selben Zeitpunkt die Sportanlage nutzen, beschrieben.

Die Anzahl an Stunden pro Wochen, in welchen eine Sportanlage genutzt wird, werden durch den Parameter Nutzungsdauer angegeben.

Der Parameter Auslastungsfaktor setzt die gegebene Nutzung einer Sportstätte mit der maximal möglichen Nutzung ins Verhältnis.

2.2 Berechnung des Sportstättenbedarfs

Die in Kapitel 2.1 dargestellten Formeln werden nun zur Berechnung des Sportbedarfs sowie des Auslastungsfaktors für den Fußballsport der Stadt Mannheim angewendet.

Tab. 2: Daten des Fußballsports der Stadt Mannheim (eigene Darstellung, 2020)

Sportler	Häufigkeit (je Woche)	Dauer (Std./ Einheit)	Zuordnungs- faktor	Sportstätten- bedarf	Belegungsdichte	Nutzungsdauer (Std./ Woche)
24000	1,5	1,8	0,5	70	25	30

Berechnung Sportbedarf

Sportbedarf= Sportler*Häufigkeit*Dauer

Sportbedarf= 24000*1,5*1,8

Sportbedarf= 64800

Der Sportbedarf für den Fußballsport der Stadt Mannheim beträgt 64800.

Berechnung Auslastungsfaktor

$$\text{Sportstättenbedarf} = \frac{\text{Sportbedarf}*\text{Zuordnungsfaktor}}{\text{Belegungsdichte}*\text{Nutzungsdauer}*\text{Auslastungsfaktor}}$$

$$70 = \frac{64800*0,5}{25*30*x}$$

$$70 = \frac{32400}{750*x}$$

$$70 = \frac{32400}{750*x}$$

$$52500x = 32400$$

$$x = \frac{32400}{52500}$$

$$x = 0,62$$

Der Auslastungsfaktor liegt bei 0,62.

2.3 Förderinteressen

Das Förderinteresse bezeichnet einen zukünftigen Mittelgeber bzw. Investor, welcher Interesse an dem (Um-)Bauvorhaben einer Sportanlage besitzt. Neben der öffentlichen Hand können hierbei auch private Investoren in Frage kommen.

Die Bundesrepublik Deutschland fördert den Spitzensport in Deutschland. Durch internationale Erfolge deutscher Sportler wird das Image der Bundesrepublik in der Welt verbessert (Bundesministerium des Innern, 2017, S. 5). Der Bau von Sportanlagen, welche auf den Spitzensport ausgerichtet sind, kann vom Bund gefördert werden. Voraussetzung für diese Förderung ist die Ausschöpfung aller anderweitigen Finanzierungsmöglichkeiten, durch Kommune, Land oder private Investoren (Bundesministerium des Innern, 2005, S. 3). Somit dient die finanzielle Unterstützung des Bundes lediglich als Ergänzung.

Die Förderung des Breitensports wird im Wesentlichen von Kommunen und Ländern übernommen. Ziel ist es der Bevölkerung Zugang zu sportlichen Aktivitäten zu ermöglichen, unabhängig davon, ob in der Freizeit oder im Rahmen von Sportangeboten in Schulen und Kindergärten oder ähnlichen Einrichtungen. Sport ermöglicht neben der Gesundheitsvorsorge auch das Vermitteln sozialer Kompetenzen, sowie das Zusammenfinden unterschiedlicher kultureller oder sozialer Gruppen und bildet dadurch einen wichtigen Bestandteil der Gesellschaft (Bundesministerium des Innern, 2017, S. 5).

Durch die vorangegangene Erläuterung der Förderinteressen des Bundes sowie der Ländern und Kommunen kann der Aussage nicht zugestimmt werden.

3 Finanzierung und Betrieb von Sportanlagen

3.1 Investition und Finanzierung

Die gegebenen Daten zum Neubau der Sporthalle werden im Folgenden tabellarisch dargestellt.

Tab. 3 Übersicht Daten zum Neubau der Sporthalle (eigene Darstellung, 2020)

Investitionsausgabe	3000000 € (netto)
Betriebs- und Instandhaltungskosten	100000 € (netto), Steigerung pro Jahr um 3%
Einnahmen Verein	60000 € (brutto), Steigerung pro Jahr um 15%, zzgl. 12000 € (netto) pro Jahr durch die Kommune
Laufzeit Investition	5 Jahre
Kapitalverzinsung	12 %

Zur Berechnung der Barwerte wird der Abzinsungsfaktor benötigt. Dieser berechnet sich wie folgt:

$$\text{Abzinsungsfaktor} = \frac{1}{(1+i)^n}$$

i = Kalkulationszinsfuß   n = Anzahl der Nutzungsperioden

Durch die Multiplikation der Ein-/ Auszahlungen mit dem Abzinsungsfaktor ergeben sich die entsprechenden Barwerte. Die Werte dieser Aufgabe sind der folgenden Tabelle zu entnehmen.

Tab. 4: Barwerte der Ein- und Auszahlungen (eigene Darstellung, 2020)

Jahr	Abzinsungsfaktor	Einzahlung	Barwert Einz.	Auszahlungen	Barwert Ausz.
1	$1,12^{-1}$	62420,1681	55732,29295	100000	89285,71429
2	$1,12^{-2}$	69983,1933	55790,17323	103000	82110,96939
3	$1,12^{-3}$	78680,6723	56003,34843	106090	75512,76649
4	$1,12^{-4}$	88682,77311	56359,50555	109272,7	69444,77633
5	$1,12^{-5}$	100185,1891	56847,76684	112550,881	63864,39251
Summe			280733,087		380218,619

Der Kapitalwert lässt sich anhand der Kapitalwertmethode bestimmen.

$$\text{Kapitalwert} = -A_0 + \sum_{t=1}^{n}\left(E^t - A^t\right)*(1+i)^{-t} + L_n(1+i)^{-n}$$

Kapitalwert= -Anschaffungsauszahlung + $\sum$ Barwerte Einz.- $\sum$ Barwerte Ausz. +Barwert Liquidationserlös

Aus den gegebenen Daten ergibt sich folgende Gleichung:

Kapitalwert= -3000000 +280733,09 -380218,62 = -3099485,53

Es ergibt sich für die Investition ein Kapitalwert von -3099485,53 €.

3.2 Auslastungsanalyse einer Sportanlage

Die Auslastungsanalyse einer Sportanlage dient zur Entwicklung einer optimalen Auslastung, durch die sowohl eine Kostendeckung sowie eine gestillte Nachfrage der Gesellschaft nach Sport erreicht werden kann.

Der Fokus liegt auf Grund der Aufgabenstellung auf Sportanlagen mit programmierter Nutzung. Diese sind nach Bach (2004a, S. 99) definiert als Sportanlagen, welche regelmäßig, meist zu den selben Zeitpunkten genutzt werden. Entsprechend werden Nutzugszeiten für Sportgruppen, im Rahmen eines Belegungsplanes, festgelegt. Zu beachten ist hierbei, dass zumeist viele Nutzergruppen zum selben Zeitpunkt eine Sportanlage nutzen möchten und dadurch eine nicht abzudeckende Nachfrage entsteht. Auf der Gegenseite stehen Zeiträume, in denen die Sportanlagen kaum bis gar nicht genutzt wird. Das Ziel einer Auslastungsanalyse ist es die momentane Nutzung mi der maximal möglichen Nutzung zu vergleichen. Dadurch soll eine Über- oder Unternutzung der Sportanlage verhindert werden.

Um die Auslastung von Sportanlagen bewerten zu können, werden die tatsächlich genutzten Zeiten der Sportanlage und die Gruppengröße der Sportgruppen, also die Belegungsdichte der Sportanlagen, betrachtet (Köhl & Bach, 2006, S. 91). Gemäß Bach Bach (2004a, S. 104) müssen folgende Kriterien bei der Auslastungsanalyse beachtet werden:

- Ist-Nutzungsdauer: gibt die tatsächlich genutzten Zeiträume in Std./Woche an.
- Soll-Nutzungsdauer: gibt die möglichen zu nutzenden Zeiträume in Std./Woche an.
- Ist-Belegungsdichte: gibt die Anzahl an Sportler, welche im selben Zeitraum anwesend sind, nach Sportart und Leistungsstufe an (Spo/A; Sportler je Anlageneinheit)
- Soll- Belegungsdichte: gibt die mögliche Anzahl an Sportler, welche im selben Zeitraum anwesend sind, nach Sportart und Leistungsstufe an (Spo/A; Sportler je Anlageneinheit)

Durch die Daten zu Nutzungsdauer und Belegungsdichte ist Sporthallenbetreibern möglich, die Kapazität einer Sportanlage, durch eine Anpassung des Belegungsplanes, zu beeinflussen (Bach, 2011, S. 7). Somit ist die maximale Auslastung einer Sportanlage erreicht, wenn die Ist-Nutzungsdauer der Soll-Nutzungsdauer und die Ist-Belegungsdichte der Soll-Belegungsdichte in jedem Zeitraum gleicht.

Tab. 5: Darstellung der Daten zur Auslastungsanalyse (eigene Darstellung, 2020)

Belegungszeitraum	Belegung			
			Belegungsdichte (Spo /A)	
	Stunden	Sportart	Ist-Belegungs-dichte	Soll-Belegungs-dichte
Mo 17.00-18.30	1,5	Handball	14	12
Di 20.00-21.30	1,5	Keine Belegung	-	15
Mi 19.00-21.30	2,5	Basketball	15	20
Do 20.00-22.00	2	Fußball	18	15
Fr 19.00-20.00	1	Badminton	5	15
Maximale Nutzungskapazität: 83%				

Tab. 6: Berechnung Kennzahlen (eigene Darstellung, 2020)

Parameter	Rechnung
Ist-Nutzungsdauer (Std/ Woche)	1,5+2,5+2+1=7
Soll-Nutzungsdauer (Std/ Woche)	1,5+1,5+2,5+2+1= 8,5
Ist-Sportler (Spo)	14+15+18+5=52
Soll-Sportler (Spo)	12+15+20+15+15=77
Ist-Sportlerstunden (Spo * Std./Woche)	(1,5*14)+(2,5*15)+(2*18)+(1*5)=99,5
Soll-Sportlerstunden (Spo * Std./Woche)	(1,5*12)+(1,5*15)+(2,5*20)+(2*15)+(1*15)=135,5
Auslastung (in %)	$\dfrac{\text{Ist-Sportlerstunden}*100}{\text{Soll-Sportlerstunden}} = \dfrac{99,5*100}{135,5} = 73,43\ \%$
Kapazitätsreserve	Max. Nutzungskapazität- Auslastung 83% - 73,43%= 9,57%

3.3 Auslastungsoptimierung

Unter Berücksichtigung der gegebenen Soll- Belegungsdichte, können die Trainingszeiten der jeweiligen Sportarten geändert werden und folgender Belegungsplan daraus resultieren.

Tab. 7: Optimierungsmöglichkeit der Belegungszuweisung (eigene Darstellung, 2020)

Belegungszeitraum	Belegung			
			Belegungsdichte (Spo /A)	
	Stunden	Sportart	Ist-Belegungs-dichte	Soll-Belegungs-dichte
Mo 17.00-18.30	1,5	Badminton	5	12
Di 20.00-21.30	1,5	Handball	14	15
Mi 19.00-21.30	2,5	Fußball	18	20
Do 20.00-22.00	2	Basketball	15	15
Fr 19.00-20.00	1	Keine Belegung	-	15

Durch die Änderung der Belegungszuweisung ergeben sich neue Kennzahlen in der Ist-Nutzungsdauer und den Ist-Sportlern. Mit diesen veränderten Werten wird erneut die Auslastung berechnet.

Tab. 8: Berechnung Auslastung nach Änderung der Belegungszuweisung (eigene Darstellung, 2020)

Parameter	Rechnung
Ist-Nutzungsdauer (Std/ Woche)	1,5+1,5+2,5+2=7,5
Soll-Nutzungsdauer (Std/ Woche)	1,5+1,5+2,5+2+1= 8,5
Ist-Sportler (Spo)	14+15+18+5=52
Soll-Sportler (Spo)	12+15+20+15+15=77
Ist-Sportlerstunden (Spo * Std./Woche)	(1,5*5)+(1,5*14)+(2,5*18)+(2*15)=103,5
Soll-Sportlerstunden (Spo * Std./Woche)	(1,5*12)+(1,5*15)+(2,5*20)+(2*15)+(1*15)=135,5
Auslastung (in %)	$\frac{\text{Ist-Sportlerstunden*100}}{\text{Soll-Sportlerstunden}} = \frac{103,5*100}{135,5} = 76,38\,\%$

Durch die Änderung der zugewiesenen Trainingszeiten kann eine höhere Auslastung generiert werden. Die Ist-Belegungsdichte überschreitet nicht mehr die Soll-Belegungsdichte, wodurch es zu keiner Übernutzung der Sportanlage mehr kommt. Die Zeiträume, welche bislang noch unter der Soll-Belegungsdichte liegen, können mit weiteren Sportgruppen besetzt werden, um eine noch höhere Auslastung erzielen zu können.

3.4 Nachhaltigkeit von Sportstätten

Nachhaltigkeit definiert eine nachhaltige Entwicklung, die es ermöglicht, die heutigen Bedürfnisse der Bevölkerung zu befriedigen, ohne dabei die Möglichkeiten zukünftiger Generationen zu gefährden (Hauff, 1987, S. 46).

Im gegenwärtigen Verständnis beinhaltet Nachhaltigkeit das Gleichgewicht zwischen Ökonomie, Ökologie und Sozialem. Unter Berücksichtigung dieser Aspekte soll umwelt- und sozialverträglicher wirtschaftlicher Erfolg erlangt werden.

Werden diese Faktoren auf den Bau und den Betrieb von Sportstätten projiziert, bedeutet dies „diese so zu planen und zu betreiben, dass ein möglichst großer Nutzen für den Eigentümer/Betreiber, die Nutzer (Mitarbeiter, Sporttreibende) und die Gesellschaft entsteht, bei gleichzeitiger Vermeidung bzw. kontinuierlicher Reduzierung negativer ökologischer, ökonomischer und sozialer Folgen" (Neuerburg, 2009, S. 6). Beispiele zur Umsetzung sind die Nutzung erneuerbarer Energien, das Reduzieren des Wasserverbrauchs und die Schaffung eines Umweltbewusstseins bei den Sportstättennutzern. Dadurch können sowohl die anfallenden Gesamtkosten einer Sportstätte, als auch die möglichen Folgekosten zur Abwendung von Umweltschäden, eingespart werden (Henk, 2004, S. 29).

Am Beispiel der Olympischen Spiele im Jahr 2012 in London soll die Nachhaltigkeit von Sportgroßveranstaltungen bewertet werden und darauf basierend Stellung zur aufgestellten These genommen werden.

Grundsätzlich zeigen Großveranstaltungen, dass trotz nachhaltiger Planung und Umsetzung, meist Spuren zurückbleiben. Aus diesem Grund wird die Nachhaltigkeit von Sportgroßveranstaltungen anhand folgender Faktoren bewertet (Neuerburg & Wilken, 2010, S. 5):

- Ökonomisch: (Nach-)Nutzung, Folgekosten, Wertschöpfung, Beschäftigungseffekte
- Sozial: Verbesserung der (Sport-)Infrastruktur, Impulse für Stadt- und Regionalentwicklung, Identität und Beteiligung
- Ökologisch: Ressourceneffizienz, v.a. in Bezug auf Energie und Trinkwasser, Mobilität, Abfall

Die Austragung der Olympischen Spiele bringt für das Gastgeberland hohe Kosten mit sich. Deshalb ist es von Bedeutung, dass die Bevölkerung hinter diesem Vorhaben steht. Durch den Verkauf von Merchandise-Artikel und Tickets, die Vergabe von Medienrechten und die Gewinnung von Sponsoren kann ein Teil dieser Kosten wieder erwirtschaftet werden. Eine Sportgroßveranstaltung stellt ebenfalls eine Chance für die regionale Wirtschaft, durch das Schaffen von Arbeitsplätzen, dar.

Im Falle von London konnte eine große Zahl an neuen Arbeitsplätzen geschaffen werden (Bundeszentrale für politische Bildung, 2012). Ebenfalls konnte die Dienstleistungsbranche eine deutliche Umsatzsteigerung während Olympia verzeichnen (Thibaut, 2012).

Die Austragung der Olympischen Spiele fand im Stadtteil Stratford statt, welcher zuvor ein Arbeiter- bzw. Industrieviertel darstellte. Durch Olympia wurde eine Modernisierung und Etablierung des Stadtteils angestrebt. Um dies zu erreichen, wurde die Bevölkerung mit in die Planung mit einbezogen. Die Planung der Sportstätten beinhaltete neben dem Einsetzen von wiederverwertbaren Materialien und der Nutzung bereits vorhandener Sportstätten auch den kostengünstigen Rück-/ Umbau, der nach den Spielen nicht mehr benötigten Sportstätten. Die Schwimmhalle wurde nach Ende der Spiele zu einem öffentlichen Schwimmbad umgewandelt und die ehemalige Handballarena dient heutzutage als Sportzentrum (Thibaut, 2012). Somit dienen die Sportstätten nachträglich der Allgemeinheit.

Bevor mit dem Bau der Sportstätten begonnen werden konnte, mussten Menschen und Unternehmen umziehen und die bestehenden Gebäude abgerissen werden. Der mit Schadstoffen verseuchte Boden wurde von Grund auf gereinigt und mit Bäumen und Pflanzen bepflanzt (Bundeszentrale für politische Bildung, 2012). Die Toiletten im Olympischen Dorf wurden mit Regewasser betrieben und zur Beheizung wurde ein Blockheizkraftwerk verwendet (Fuchs, 2012).

Nach den Olympischen Spielen wurde das Olympische Dorf in sozial geförderte Miet- und Eigentumswohnungen umgewandelt und bietet nun Wohnraum für 6000 Londoner (Thibaut, 2012; Bundeszentrale für politische Bildung, 2012).

Die Problematik, dass durch die Besucher viel Müll produziert wird, wurde bereits vor der Veranstaltung erkannt, weshalb Becher, Besteck und weitere Gegenstände aus recycelbaren Materialien hergestellt wurden. Im Bereich der Nahrung wurde des Weiteren darauf geachtet, auf lokale Nahrungsmittel zu setzen (Fuchs, 2012).

Durch die Modernisierung und den Ausbau des Öffentlichen Nahverkehrs können die CO_2-Emissionen, welche ansonsten durch Autos produziert werden, reduziert werden.

Werden die Olympischen Spiele in Vergleich mit vorausgegangenen Sportgroßveranstaltungen gesetzt, so liegt eine deutlich nachhaltigere Planung und Durchführung vor. In den Kategorien Ökologie, Ökonomie und Soziales wurden Ideen entwickelt, die für zukünftige Veranstaltungen als Basis dienen können. Selbstverständlich gibt es Entwicklungspotenzial, insbesondere im Bereich erneuerbare Energien oder der Arbeitsbedingungen in den Produktionsländern von Merchandise-Artikeln.

Die Sanierung und Modernisierung des Stadtteils Stratford hätte auch außerhalb der Olympischen Spiele erfolgen können, dennoch wurde die Sportgroßveranstaltung genutzt, um dies voranzutreiben. Der Öffentliche Nahverkehr konnte deutlich verbessert werden und ermöglicht es auch zukünftig den Stadtteil umweltverträglicher zu erreichen. Neue Sportstätten wurden errichtet und stehen im Nachhinein der Allgemeinheit zur Verfügung, wodurch die Sportinfrastruktur verbessert werden konnte. Durch die Umwandlung des Olympischen Dorfes konnten neue Wohnräume, auch für sozial benachteiligte Gesellschaftsschichten, geschaffen werden. Es bleiben somit auch nach der Veranstaltung für die Bevölkerung wertvolle Veränderungen zurück.

Abschließend ist festzustellen, dass Sportgroßveranstaltungen vor allem im ökologischen Bereich negative Spuren hinterlassen. Folglich konnte bisher noch keine zufriedenstellende Ressourceneffizienz erreicht werden. Nachhaltigkeitskonzepte konzentrieren sich zwar darauf, diese deutlich zu reduzieren, dennoch scheint es aktuell noch nicht realisierbar, eine klimaneutrale Großveranstaltung durchzuführen. Positiv hervorzuheben sind die sozialen und wirtschaftlichen Impulse, die von einer solchen Veranstaltung ausgehen und der Bevölkerung sowie dem Staat auch nach Ende der Veranstaltung einen Mehrwert bieten. Da bei Nachhaltigkeit jedoch alle drei Faktoren gleichrangig bewertet werden, wird der aufgestellten These, auf Grund der negativen ökologischen Folgen, zugestimmt.

4 Digitale Vermarktung von Sportanlagen und Sportstätten

Tab. 9: Möglichkeiten der Digitalisierung in Sportstätten (eigene Darstellung, 2020)

Möglichkeit	Mehrwert Betreiber	Mehrwert Fans	Mehrwert Sponsoren
WLAN	- Durch die Datensammlung der WLAN-Nutzer kann das eigene Angebot der Nachfrage entsprechend angepasst werden - Das WLAN ermöglicht eine effizientere Nutzung weiterer digitaler Angebote (z.B. Apps)	- die Nutzung des Internets wird erleichtert. Es können Inhalte zum Spiel, Liveticker, etc. genutzt werden ohne lange Ladezeiten, die durch eine Übernutzung der Mobilfunknetze entstehen -Das WLAN ermöglicht eine effizientere Nutzung weiterer digitaler Angebote (z.B. Apps)	- Die Datensammlung der WLAN-Nutzer ermöglicht eine zielgruppengerichtete Werbung - geringere Ausgaben für Werbemaßnahmen durch eine Reduzierung der Streuverluste
LED-Bandenwerbung	- Durch wechselnde Werbeanzeigen können mehr Sponsoren ihre Werbebotschaften präsentieren - Mehreinnahmen durch eine größere Anzahl an Sponsoren	- Entertainment abseits des Sportgeschehens durch unterhaltsame Werbebotschaften - Abwechselnde Werbebotschaften schaffen Kurzweiligkeit	-besserer Transport der Werbebotschaften durch die Darstellungsform (z.B. Animationen) - durch eine ansprechende und klar dargestellte Werbebotschaft, kann die Aufmerksamkeit der Zuschauer generiert werden
Sportstätten-App	- Besucher können sich schnell zurechtfinden durch entsprechende Suchfunktionen (z.B. Weg zum nächsten Getränkestand, Weg zum Sitzplatz) und dadurch wird eine Wohlfühlatmosphäre geschaffen	-schnelles Zurechtfinden innerhalb der Sportstätte durch Hilfe der App - Übersicht aller Informationen sowohl zur Sportstätte (z.B. kommende Veranstaltungen) als auch über persönliche Daten	- zielgruppengerichtete Werbung mithilfe der App - Plattform zur Präsentation des Unternehmens

	- Schafft personalisierbare Werbeflächen für Sponsoren	(z.B. getätigte Einkäufe, verbleibendes Guthaben auf dem Stadionkonto)	
Digitale Währung	- bargeldloses Bezahlen verringert Wartezeiten in Servicebereichen (Kiosk, Bistro, Fanshop) und erhöht dadurch die Fanzufriedenheit - zusätzlicher Kaufanreiz durch Prämienpunkte schafft Mehreinnahmen beim Betreiber	- einfaches und bargeldloses Bezahlen in allen Servicebereichen verringert die Wartezeiten - durch Einkäufe im Stadion können Punkte erworben werden, welche anschließend über die Sportstätten-App in Gutscheine bei Sponsoren eingelöst werden können	- Sponsoren können durch Gutscheinprämien neue Zielgruppen erschließen (Cross-Selling-Effekt) - Steigerung der Unternehmens- und Produktbekanntheit, durch den Einsatz von Gutscheinen

5 Literaturverzeichnis

Bach, L. (2004a). Nutzung von Sportstätten - Formen der Nutzung und Analyse der Auslastung. In LandessportbundHessen (Hrsg.), *Sportstätten-Management : neue Wege für vereinseigene und kommunale Sportstätten* (1 Ausg., Bd. 6, S. 97-112). Frankfurt: Meyer & Meyer.

Bach, L. (2011). Sportstätten-Management – eine Gemeinschaftsaufgabe im Sport. *7. Landessportkonferenz des Landes Brandenburg*. Potsdam.

Bundesministerium des Innern. (2017). *Neustrukturierung des Leistungssports.* Abgerufen am 18. November 2020 von Bundesministerium des Innern: https://www.bmi.bund.de/DE/themen/sport/sportfoerderung/sportpolitik/sportpol itik-node.html

Bundesministerium des Innnern. (10. Oktober 2005). *Richtlinien des Bundesministeriums des Innern über die Gewährung von Zuwendungen zur Förderung von Baumaßnahmen für den Spitzensport.* Abgerufen am 18. 11 2020 von Bundesministerium des Innern: https://www.bmi.bund.de/SharedDocs/downloads/DE/veroeffentlichungen/them en/sport/sport-sportstaettenbau.pdf?__blob=publicationFile&v=2

Bundeszentrale für politische Bildung. (25. 7 2012). *Olympische Sommerspiele in London.* Abgerufen am 29. 11 2020 von Bundeszentrale für politische Bildung: https://www.bpb.de/politik/hintergrund-aktuell/141599/olympische-sommerspiele-in-london-25-07-2012

Fuchs, C. (8. 8 2012). *So grün wie nie zuvor.* Abgerufen am 29. 11 2020 von Stern: https://www.stern.de/sport/olympia/olympia-2012/oeko-zeugnis-fuer-olympia-2012-so-gruen-wie-nie-zuvor-3963280.html

Hauff, V. (1987). *Unsere gemeinsame Zukunft.* Der Brundtland-Bericht der Weltkomission für Umwelt und Entwicklung.

Henk, M. (2004). Facility Management - Rolle und Bedeutung für Bau und Betrieb von Sportstätten. In LandessportbundHessen, *SportstättenManagement : neue Wege für vereinseigene und kommunale Sportstätten* (S. 26-30). Frankfurt a. M.

Köhl, W., & Bach, L. (2006). *Leitfaden zur Sportstättenentwicklungsplanung.* Bonn: Bundesinstitut für Sportwissenschaft.

Neuerburg, H.-J. (2009). Nachhaltiges Sportstättenmanagement – Ziele, Handlungsfelder und Perspektiven. In DOSB, *Nachhaltiges Sportstättenmanagement.*

Dokumentation des 17. Symposiums zur nachhaltigen Entwicklung des Sports (S. 5-10).

Neuerburg, H.-J., & Wilken, T. (2010). Nachhaltige Sportgroßveranstaltungen . In DOSB, *Nachhaltige Sportgroßveranstaltungen: Dokumentation des 18. Symposiums zur nachhaltigen Entwicklung des Sports* (S. 5-8).

Thibaut, M. (13. 8 2012). *Was bleibt von London 2012?* Abgerufen am 29. 11 2020 von Der Tagesspiegel: https://www.tagesspiegel.de/sport/olympische-spiele-was-bleibt-von-london-2012/6992004.html

6 Abbildungs- und Tabellenverzeichnis

6.1 Abbildungsverzeichnis

Abb. 1: Darstellung der Bauschritte einer Sportstätte anhand eines PLANNET-Diagrammes (eigene Darstellung, 2020)..4

Abb. 2: Darstellung der Bauschritte einer Sportstätte anhand der Netzplantechnik (eigen Darstellung, 2020)..5

6.2 Tabellenverzeichnis

Tab. 1: Schritte beim Bau einer Sportstätte tabellarisch (eigene Darstellung, 2020)....................3

Tab. 2: Daten des Fußballsports der Stadt Mannheim (eigene Darstellung, 2020)........................7

Tab. 3 Übersicht Daten zum Neubau der Sporthalle (eigene Darstellung, 2020)..........................9

Tab. 4: Barwerte der Ein- und Auszahlungen (eigene Darstellung, 2020)..................................10

Tab. 5: Darstellung der Daten zur Auslastungsanalyse (eigene Darstellung, 2020)....................12

Tab. 6: Berechnung Kennzahlen (eigene Darstellung, 2020)..12

Tab. 7: Optimierungsmöglichkeit der Belegungszuweisung (eigene Darstellung, 2020)..........13

Tab. 8: Berechnung Auslastung nach Änderung der Belegungszuweisung (eigene Darstellung, 2020)....13

Tab. 9: Möglichkeiten der Digitalisierung in Sportstätten (eigene Darstellung, 2020)..............17